Inhalt

Attraktiver Arbeitgeber - die Textilbranche muss daran arbeiten

Kernthesen

Beitrag

Fallbeispiele

Zahlen und Fakten

Weiterführende Literatur

Impressum

Attraktiver Arbeitgeber - die Textilbranche muss daran arbeiten

Markus Hofstetter

Kernthesen

- Die demografische Entwicklung in Deutschland bereitet sowohl der Textilindustrie als auch dem Textileinzelhandel Sorgen hinsichtlich Mitarbeiter und Auszubildenden.
- Abhängig von der Altersgruppe müssen Unternehmen für ihre Mitarbeiter unterschiedliche Ziele definieren.
- Die Modebranche steht bei den Arbeitnehmern vor allem für abwechslungsreiche Tätigkeiten.
- Adidas hat Otto als Toparbeitgeber der Modebranche abgelöst.

Beitrag

Textilindustrie und Textileinzelhandel stehen vor Mitarbeiter- und Ausbildungsproblematik

Die Zahl der dem Arbeitsmarkt zur Verfügung stehenden Einwohner im Alter von 19 bis 64 Jahre wird bis zum Jahr 2025 um rund 3,5 Millionen zurückgegangen sein. Bis dahin wird Deutschland 17,8 Prozent weniger Schüler haben als zwanzig Jahre zuvor. Zudem ist der Trend zum Studium ungebrochen. Dies stellt die Unternehmen vor gewaltige Probleme, da gute Mitarbeiter und Auszubildende zu einem raren Gut werden. Für die deutsche Textil- und Bekleidungsindustrie ist die Mitarbeiterproblematik dringender als für viele andere Branchen. Die Branche insgesamt ist im Durchschnitt älter als andere, da das Durchschnittsalter der Belegschaften bei 45 bis 60 Jahren liegt. Vor fünf Jahren wurden in der Branche in Deutschland noch etwa 3 700 Jugendliche ausgebildet, heute sind es rund dreißig Prozent weniger. In Textileinzelhandel wird 2012 jeder vierte Ausbildungsbetrieb laut einer Umfrage des TW-

Testclub nicht alle Ausbildungsplätze besetzen können, weil es an geeigneten Bewerbern fehlt. Zudem verfügt nach Einschätzung der befragten Händler im Durchschnitt nur rund jeder zweite Bewerber um einen Ausbildungsplatz über die nötige Ausbildungsreife. In Zukunft wird es für Betriebe aufgrund des demografischen Wandels noch schwieriger, die richtigen Kandidaten zu finden. (1), (2)

Ausbildungsbetriebe bevorzugen Realschüler

Je nach Altersgruppe müssen die Unternehme der Textilbranche unterschiedliche Ziele für die Belegschaft formulieren. Für die bis 24-Jährigen gilt es, diese möglichst gut auszubilden. Um überhaupt Auszubildende zu gewinnen, müssen unter anderem finanzielle Anreize geschaffen und Übernahmegarantien nach der erfolgreichen Ausbildung verbunden mit einer beruflichen Entwicklungsperspektive gewährt werden. Die Unzufriedenheit mit der Qualifikation der Bewerber könnte ein Grund dafür sein, dass der Anteil der Ausbildungsbetriebe im Textileinzelhandel 2012 im Vergleich zum Vorjahr zurückgegangen ist. Bei einer TW-Testclub-Umfrage im März 2011 gaben 43 Prozent der Unternehmer an, dass sie im laufenden

Jahr Auszubildende einstellen wollen, mittlerweile sind es 35 Prozent. In fast jedem fünften Ausbildungsbetrieb sollen 2012 allerdings mehr Lehrstellen besetzt werden als im Vorjahr. Acht Prozent der Ausbilder werden voraussichtlich weniger Azubis einstellen. Bei der Besetzung von Lehrstellen können Arbeitgeber aus dem Textileinzelhandel meist zwischen Bewerbern mit unterschiedlichen Schulabschlüssen wählen. Dabei setzen die Unternehmen klare Schwerpunkte. Demnach werden Realschüler besonders gerne eingestellt. Auszubildende mit Realschulabschluss findet man in 86 Prozent der Ausbildungsbetriebe der Branche. Mit etwas Abstand folgen Hauptschüler mit 74 Prozent. Abiturienten mit allgemeiner oder fachgebundener Hochschulreife sind in 44 Prozent der Ausbildungsbetriebe vertreten. (1), (3), (4), [Abb. 1]

Bei Mitarbeiterbindung spielen Geld und Karriere eine wichtige Rolle

Bei der Altersgruppe der 25 bis 44-Jährigen ist es wichtig, geeignete Mitarbeiter zu finden, sie an das Unternehmen zu binden und durch gezielte Personalentwicklung zu Fach- und Führungskräftenachwuchs auszubilden. Das ist von

Bedeutung, da nur 30 Prozent der Angestellten, die an der TW-Studie Working in Fashion 2012 teilgenommen haben, nicht über einen Wechsel nachdenken. Der Rest wäre durchaus bereit, den eigenen Arbeitgeber zu verlassen. 46 Prozent der Angestellten gaben an, gelegentlich über einen Wechsel nachzudenken. Und 24 Prozent suchen aktiv nach einem neuen Arbeitgeber.

Welche Komponenten spielen bei der Mitarbeiterbindung eine Rolle? Den meisten geht es um Geld und Karriere, aber auch um Veränderung generell. Für 65 Prozent der Befragten wäre ein zu niedriges Gehalt ein Grund, den Arbeitgeber zu wechseln, für 64 Prozent wären es unbefriedigende Karriereperspektiven, für 47 Prozent wäre der Wunsch nach Neuem Anlass zur Kündigung. Aber auch unzureichende Weiterbildungsmöglichkeiten oder eine unausgewogene Work-Life-Balance im Job lassen bei den Angestellten den Gedanken an Kündigung aufkommen. Ein unsicherer Arbeitsplatz dagegen bringen nur 23 Prozent auf Fluchtgedanken. Das heißt allerdings nicht, dass die Stimmung in den Unternehmen schlecht wäre. Zwei Drittel der befragten Angestellten sind nach eigenen Angaben derzeit sehr zufrieden oder zufrieden mit ihrem Arbeitgeber. 23 Prozent sind weniger zufrieden, zehn Prozent unzufrieden. Dennoch haben die meisten keine allzu feste Bindung an ihren Arbeitgeber. Käme ein besseres Angebot, wären sie weg. (1), (5), (6)

Schaffung von Rahmenbedingungen für die Nutzung von Know-how bis ins hohe Alter

Bei der Altersgruppe der über 45-Jährigen geht es darum, Rahmenbedingungen zu schaffen, um ihr Know-how und ihre Arbeitskraft bis zur Rente mit 67 zu nutzen. Unternehmen müssen in immer stärkerem Maße den früh- und damit rechtzeitigen Wissenstransfer von Alt auf Jung organisieren, um das Know-how, aber auch die in einem langen Berufsleben aufgebauten Kontakte zu erhalten. (1)

Modebranche steht für abwechslungsreiche Tätigkeiten

Warum ist der Textilfachhandel attraktiv für Arbeiter und Angestellte? 78 Prozent der Befragten einer TW-Testclub-Studie nannten spannende, abwechslungsreiche Tätigkeiten als Grund für den Einstieg in die Modebranche. Mit etwas Abstand folgen hohes Interesse an Design und Modetrends (71

Prozent), Lust am kreativen Arbeiten (59 Prozent), die Internationalität der Branche (53 Prozent) und die Aussicht auf Selbstverwirklichung beziehungsweise Treffen mit interessanten Menschen (je 38 Prozent). Karriere und Geld scheinen dagegen weniger wichtig zu sein. Zwanzig Prozent die Befragten führen Gute Aufstiegschancen an, die Aussicht auf ein gutes Gehalt elf Prozent. Was die Attraktivität als Arbeitgeber betrifft, schneidet der Textileinzelhandel im Vergleich zur Industrie deutlich schlechter ab. In acht von zehn Kategorien ist der Handel aus Sicht der Befragten im Nachteil. Den größten Unterschied gibt es in punkto Gehalt. So ist nur knapp ein Viertel der Befragten überzeugt, dass der Handel eher ein gutes Gehaltsniveau bietet als die Industrie. Auch was Weiterbildung, Aufstiegs- und Karrierechancen betrifft, liegt der Handel hinter der Industrie. (6), (7), [Abb. 2]

Adidas ist der attraktivste Arbeitgeber der Modebranche

Für das Image-Ranking der TW-Studie Working in Fashion 2012 wurden Auszubildende, Studenten und Absolventen, die noch vor dem Karrierestart stehen, als auch Young Professionals und junge Führungskräfte befragt. Adidas hat der Otto Group den Spitzenplatz im Ranking abgelaufen. Das

Unternehmen ist Spitzenreiter in den Kategorien Aufstiegs- und Karrieremöglichkeiten und Internationales Arbeiten.

Die Otto Group belegt nun Rang zwei. Die Hamburger stehen für die Befragten für Work-Life-Balance und soziale Verantwortung. In beiden Kategorien führt Otto das Feld an. Marc OPolo hat den dritten Platz erneut behauptet. Das Unternehmen steht für die meisten Befragten für ein gutes Betriebsklima.

Hugo Boss ist vom sechsten auf den vierten Rang aufgestiegen. Plätze abgeben musste der Sportartikelkonzern Puma, der von Platz drei in 2010 auf Rang fünf zurückgefallen ist. Zu den konsequenten Aufsteigern gehört die Holy Fashion Group, die mit den Marken Windsor, Joop! und Strellson am Markt vertreten ist und drei Plätze gut gemacht hat. Sie nimmt nun Rang sechs ein. 2009 war der Schweizer Modeanbieter noch auf dem 13. Platz gelandet. Zur guten Gesamtplatzierung trägt auch bei, dass das Schweizer Unternehmen nach Einschätzung der Befragten relativ hohe Gehälter zahlt. (7), [Abb. 3]

Fallbeispiele

Engelhorn - Betreuungsaufwand für Auszubildende wird erhöht

Das Familienunternehmen Engelhorn mit Läden in Mannheim und Viernheim sowie rund 1 500 Mitarbeitern gilt als innovativ in Sachen Aus- und Weiterbildung. Das Unternehmen bildet in vier Berufen aus: Gestalter/in für Visuelles Marketing, Verkäufer/in, Kaufmann/ -frau im Einzelhandel und Handelsfachwirt/in IHK. 2007 wurde der duale Studiengang Handelsmanagement in Kooperation mit der FH Worms eingeführt. Für Nachwuchskräfte mit Potenzial gibt es ein strukturiertes Entwicklungsprogramm, das Teilnehmer systematisch für die Positionen Verkaufsassistent, stellvertretender Abteilungsleiter und Abteilungsleiter qualifiziert. In Zukunft wird sich der Betreuungsaufwand noch erhöhen, denn Engelhorn geht auf eine neue Bewerberzielgruppe zu. Künftig will das Unternehmen auch Hauptschüler als Azubis einstellen. Bisher habe Engelhorn von Bewerbern mindestens einen Realschulabschluss erwartet. Gleichzeitig wurde die Zahl der Ausbildungsplätze, die neu besetzt werden sollen, im Vergleich zum Vorjahr um fünf auf 25 erhöht. (2)

New Yorker - Mitarbeitersuche über das Internet

New Yorker hat ein neues Online-Job-Portal freigeschaltet. Die Karriere-Website steht unter dem Motto Abheben und durchstarten. Darin bietet der Braunschweiger Young-Fashion-Filialist sowohl Informationen über das Unternehmen, Berufe und Karrieremöglichkeiten als auch direkten Zugang zu Jobangeboten im In- und Ausland. Darüber hinaus gibt es Bewerbungstipps, unter anderem in einem kurzen Video. Außerdem hat der Filialist den internationalen Wettbewerb Brand New Challenge für Studenten gestartet. 160 Hochschulen in 32 Ländern, in denen New Yorker vertreten ist, wurden eingeladen, daran teilzunehmen. Die Studenten sollten Marketingstrategien für New Yorker entwickeln. Das Gewinner-Team erhält 5 000 Euro. (8)

Tommy Hilfiger - bundesweite Veranstaltungsreihe für die Talentsuche

Mit einer Veranstaltungsreihe, in deren Rahmen Events in Hamburg, München, Köln und Berlin durchgeführt wurden, sucht Hilfiger Holdings

Germany Mitarbeiter. Mit Flyern, auf denen junge Leute mit dem Slogan Career with the Hilfigers zu sehen sind, über Anzeigen und über Facebook wurden Interessierte eingeladen, sich über die Karriereperspektiven im Unternehmen zu informieren. Die hundert ersten, die sich im Internet registrierten, durften kommen. Seine Nachwuchskräfte bildet das Unternehmen seit 2004 am liebsten selbst aus. Zwischen 30 und 40 Azubis gibt es pro Jahr deutschlandweit. Mit den Events in den eigenen Flagship-Stores richtet sich das Unternehmen darüber hinaus an potenzielle Seiteneinsteiger, Verkaufsprofis und Nachwuchskräfte für die Führungsetagen. Wer Interesse hat, füllt bei den Veranstaltungen eine Sedcard aus. Diese gilt als Grundlage für eine Einladung von Bewerbern. (9)

Zahlen & Fakten

Abbildung 1: Realschüler sind erste Wahl

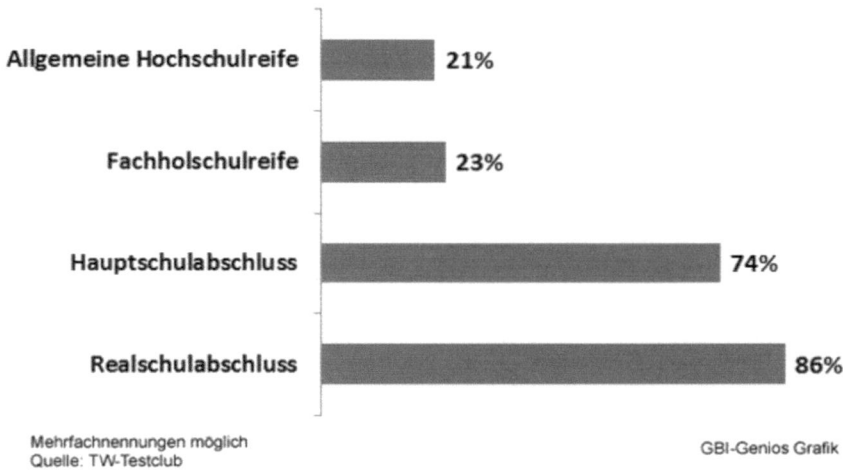

Entnommen aus: TextilWirtschaft, 15/2012, S. 76, (4)

Abbildung 2: Unterschiedliche Bewertungen zu Handel und Industrie

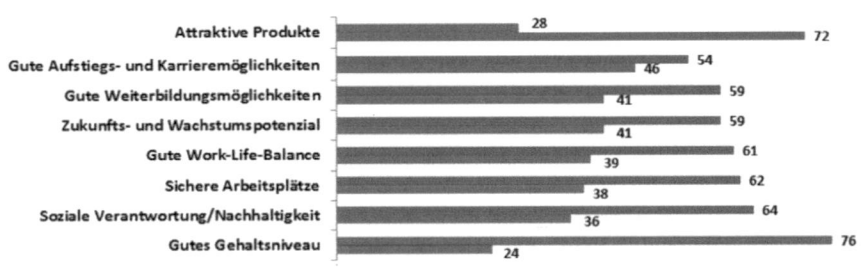

Entnommen aus: TextilWirtschaft, 17/2012, S. 60 bis 62, (6)

Abbildung 3: Adidas ist der beliebteste Arbeitgeber

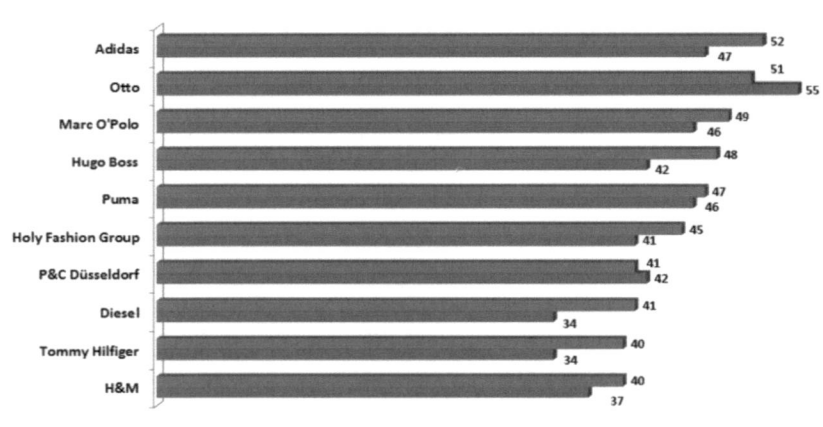

Entnommen aus: TextilWirtschaft, 17/2012, S. 46 bis 50, (7)

Weiterführende Literatur

(1) Der demografische Wandel ist da
aus melliand Textilberichte Nr. 02 vom 20.06.2012 Seite 057

(2) Für Hauptschüler und High Potentials
aus TextilWirtschaft 06 vom 09.02.2012 Seite 034 bis 035

(3) Handel: Zu wenig geeignete Bewerber
aus www.textilwirtschaft.de vom 10.02.2012

(4) Handel setzt Schwerpunkte bei der Azubi-Auswahl
aus TextilWirtschaft 15 vom 12.04.2012 Seite 076

(5) Zufrieden und trotzdem auf dem Sprung
aus TextilWirtschaft 17 vom 26.04.2012 Seite 054 bis 055

(6) Kandidatensuche auf allen Kanälen
aus TextilWirtschaft 17 vom 26.04.2012 Seite 060 bis 062

(7) WETTSTREIT DER MARKEN
aus TextilWirtschaft 17 vom 26.04.2012 Seite 046 bis 050

(8) Website und Wettbewerb
aus TextilWirtschaft 23 vom 07.06.2012 Seite 074

(9) Talentsuche bei Tommy Hilfiger
aus TextilWirtschaft 23 vom 07.06.2012 Seite 074

Impressum

Attraktiver Arbeitgeber - die Textilbranche muss daran arbeiten

Bibliografische Information der deutschen Nationalbibliothek

Die Deutsche Nationalbibliothek verzeichnet diese Publikation in der deutschen Nationalbibliografie; detaillierte bibliografische Daten sind im Internet über http://dnb.d-nb.de abrufbar.

ISBN: 978-3-7379-2919-6

© 2015 GBI-Genios Deutsche Wirtschaftsdatenbank GmbH, Freischützstraße 96, 81927 München, www.genios.de

Alle Rechte vorbehalten. Dieses Werk ist einschließlich aller seiner Teile – z.B. Texte, Tabellen und Grafiken - urheberrechtlich geschützt. Jede Verwertung außerhalb der Grenzen des Urheberrechtsgesetzes bedarf der vorherigen Zustimmung des Verlags. Dies gilt insbesondere auch für auszugsweise Nachdrucke, fotomechanische Vervielfältigungen (Fotokopie/Mikroskopie), Übersetzungen, Auswertungen durch Datenbanken oder ähnliche Einrichtungen und die Einspeicherung und Verarbeitung in elektronischen Systemen.